效果神奇的**健康弹力球操**

坐着就能瘦？一球搞定！

主　审
中村格子

译　审
王锡兰

译　者
李　军　李梦晓　胡建林
高立平　赵冬花　刘　晋

青岛出版社
QINGDAO PUBLISHING HOUSE

前言

最近是否也有这样的感觉：

对自己的健康缺乏自信……

体力越来越差……

身体不时感到僵硬疼痛……

随着年龄的增长，以及家庭环境和社会角色的改变，

我们的身心也往往发生改变。

特别是女性，身体变化会特别大。

也有许多男性刚刚迈入四十岁，就开始为身体的变化而烦恼。

我希望通过这本书，让大家掌握轻松的身体训练方法。

有些十分渴望重返青春的朋友为了快速达到效果，

常常会勉强自己挑战一些高难度的动作，

那就会很容易引发肌肉和关节疼痛。

因此，希望大家在训练之前要先调整好身体状态，加强身体

使用弹力球训练的好处：

1 有效矫正姿势

2 轻轻松松做伸展

3 具有按摩效果

的协调性。

本书的特色在于，可以借助随书附赠的弹力球做各种运动，包括伸展、矫正、肌肉训练等。

就是这么一颗轻柔的球，搭配简单舒缓的动作，身体就会因肌肉受到充分的刺激而变得温暖起来。

同时，你会感觉身体神奇般地变轻松，僵硬和疼痛也得到缓解。

觉得哪里不舒服，就从哪里下手吧！

现在，就拿起球，和我一起做吧！

中村格子

目录

CONTENTS

Part 2 使用弹力球消除身体的疼痛与僵硬 —24

Part 3 使用弹力球解决四十肩 & 泌尿问题 —40

弹力球的使用方法：

1

将吸管
插入球洞内

2

吹气

3

一口气吹到
球饱满为止

POINT

一口气将球吹鼓的同时，也锻炼了胸腔的肌肉。

你能够一口气将球吹鼓吗？随着年龄的增长，由脊柱和肋骨组成的胸部骨架、胸腔会变得僵硬，肺活量也会减少。如果能够一口气将球吹鼓，说明呼吸功能正常。但如果需要换气的话，则提示呼吸功能减弱。

胸腔一旦开合受限，姿势就会不正确，身体架构的平衡就会受到破坏。在医院里，为了增强全身麻醉患者的呼吸功能，有时也会在手术前请患者做吹气球的训练。请通过吹球的练习，来进行“胸腔伸展运动”吧！

4

稍微放一点空气出来，让球松一点

（松软的程度以手指可以掐入球体为准。）

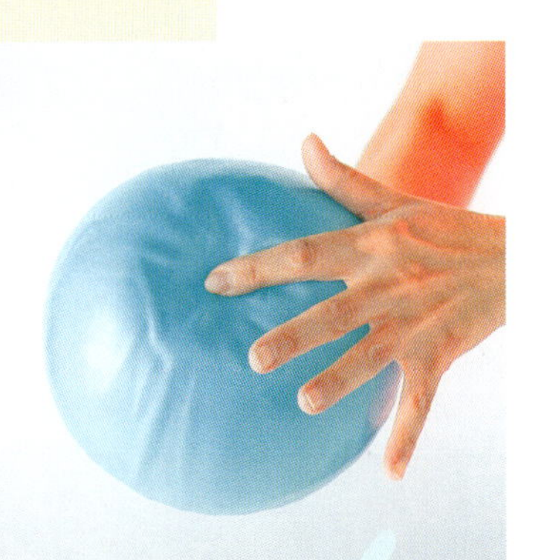

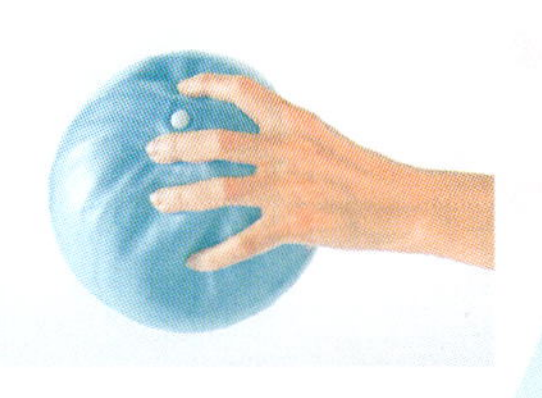

5

把洞塞紧，OK！

使用弹力球的注意事项：

- 身有病痛、正在接受治疗的人切勿勉强，请先咨询主治医师。
- 感到身体疼痛或其他异常时，请立即中止。
- 洗浴时请勿使用。
- 请勿放出过多空气。

※ 请务必阅读本书第 56 页的注意事项。

Part 1

使用弹力球
改善姿势！
轻松伸展，有效瘦身

对于体态不佳、不适感增加的人来说，矫正姿势非常重要。仅仅把姿势调整好，就能提高基础代谢，养成不易变胖的体质。同时，身体也不容易感到僵硬和疲劳。首先，让我们从简简单单就能改善姿势的动作开始做起吧。

打造不胖体质，摆脱不适，从改善姿势开始

你的坐姿接近哪一种？

不易变胖的“青春”坐姿

当背部伸展挺拔、腹部用力、骨盆直立时，这种正确的姿势能够避免脂肪囤积，胸部也会变得挺直。

容易变胖的“老态”坐姿

当支撑姿势的抗重力肌失去力量时，就会形成这种不良姿势。腹部突出、骨盆往后倾，如此一来，身体就很容易囤积脂肪。

在同龄人中，有些人看上去年轻有活力，而有些人则显得老气横秋。其实，保持年轻和不易胖的体质，正是取决于“姿势”。如果认为年纪大了，身体变形是必然的，就放弃矫正，然后一门心思只想通过改变饮食来减重，那么就错了。

首先，我们应该锻炼对抗重力的肌肉群——抗重力肌（请参考第 14 页介绍），养成正确的姿势。如果每天都保持不良的姿势，那么支撑姿势的肌肉会慢慢失去力量，我们的身体自然就会采取更加舒服的姿势，由此更容易变胖，形成恶性循环，导致身体严重变形。由于不良的姿势会加重单一部位的负担，因此肩膀及腰部就会出现僵硬疼痛的状况。所以，不良姿势是加速老化的重要原因。

髋关节退化会加速全身老化

你的站姿接近哪一种？

不易变胖的“青春”站姿

理想的站姿是耳朵、肩膀、躯干中心、鼠蹊部成一直线，胸部则要舒展开来。

容易变胖的“老态”站姿

当腰部和膝盖弯曲造成单一部位的负担时，便容易产生疼痛。即使自己认为很舒服，实际上却是很容易疲劳 。

造成不良姿势的原因在于“髋关节”

曾有患者说：“因为我的骨盆是歪的，所以怎么也瘦不下来。”其实，不能把容易发胖和身体僵硬、疼痛等问题全都归咎于“骨盆出了问题”。

与其说是骨盆的问题，倒不如说是“髋关节”出了问题。髋关节是全身最大的关节，位于骨盆与左右股骨的连接处。它是一个球状关节，就好像装入一颗圆球，可以做大幅度的动作。髋关节的动力来源是臀部的臀大肌和腹股沟的内收肌，如果这些肌肉的力量减弱，臀部就无法缩紧，造成骨盆向后倾斜。当膝盖弯曲时，就会形成“老态站姿”（右上图）。

髋关节肌肉的力量
影响日常的站坐姿与骨盆的位置

当能够有效支撑骨盆的肌肉力量减弱时，骨盆就会往后倾。

这样一来，无论站姿或走姿，就会显得老态龙钟，而且容易发胖，身体变得僵硬。

如果髋关节能够得到支撑，骨盆就不会打开。

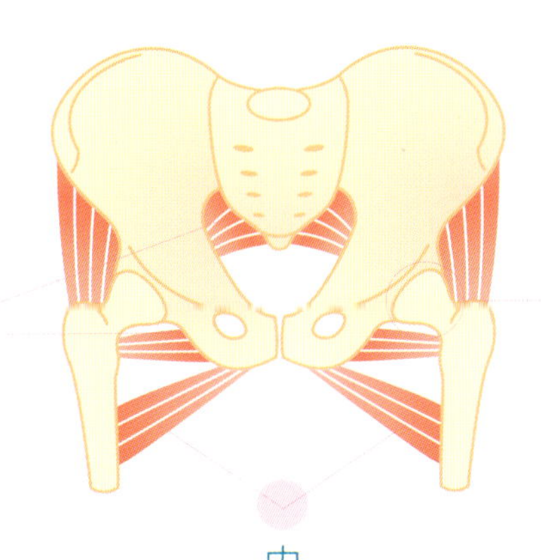

当收束臀部的外旋肌群和大腿内侧的内收肌正常运作时，髋关节灵活运动，骨盆也处于正常状态。臀线上抬，步幅增大。

如果肌肉退化，髋关节的运动就会不灵活，骨盆容易往后倾。

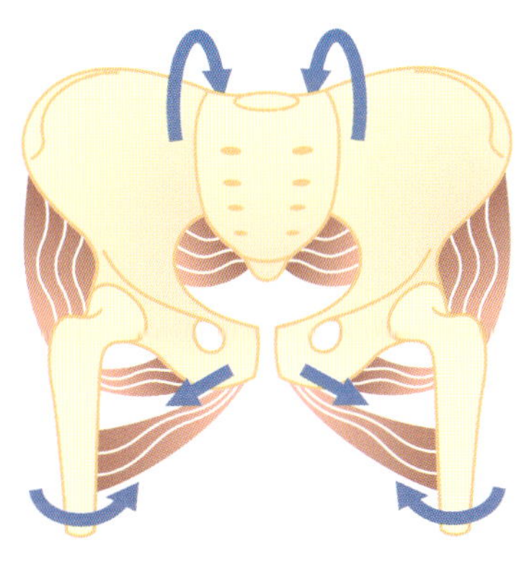

当外旋肌群和内收肌的力量减弱时，髋关节将无法灵活活动，骨盆就会往后倾，导致臀线下垂、步幅变小。

事实上，臀部的肌肉完全是为了髋关节的运动而存在。所以通过练就紧俏的美臀来预防老化，是有道理的。通过锻炼收缩臀部的臀肌和内收肌，能让髋关节的运动更灵活，骨盆也能完全直立起来。这样站姿就会变得优美，同时防止老化。

如本书第 12 页的图片所示，即使是年轻时轻轻松松就能保持优美站姿的人，随着年龄的增长，就难敌重力的影响了。能将身体拉直的肌肉群开始退化，头部向前突出，膝盖和背部也开始弯曲。不输给重力的身体，才是年轻的身体！因此，锻炼“抗重力肌”非常重要，这是保持优美姿势不可或缺的。

抗重力肌退化，渐显老态
你属于哪一型？

外表年轻 ◀ • • • • • • • • • • • • • • ▶ 外表年迈

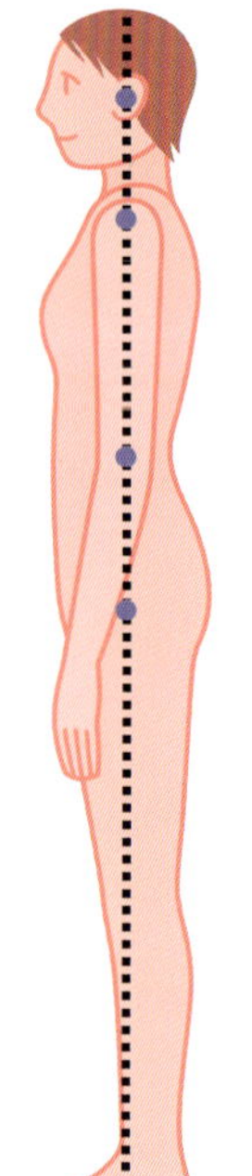
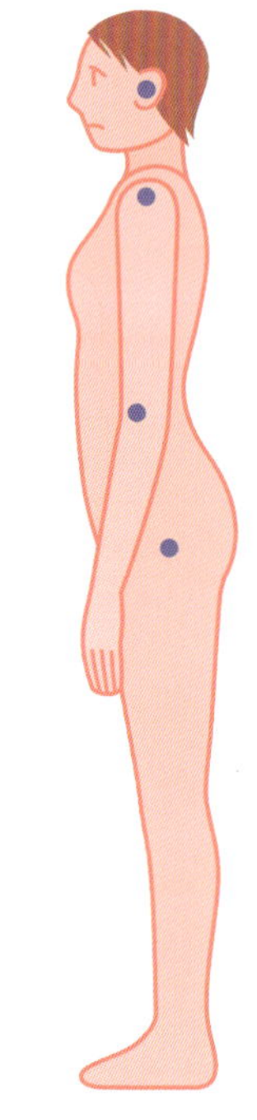
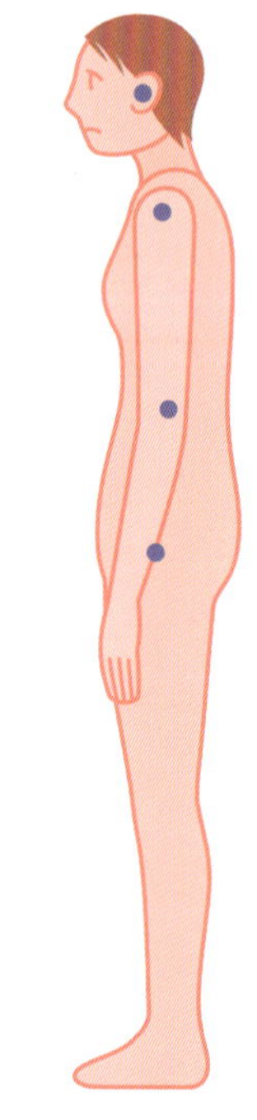
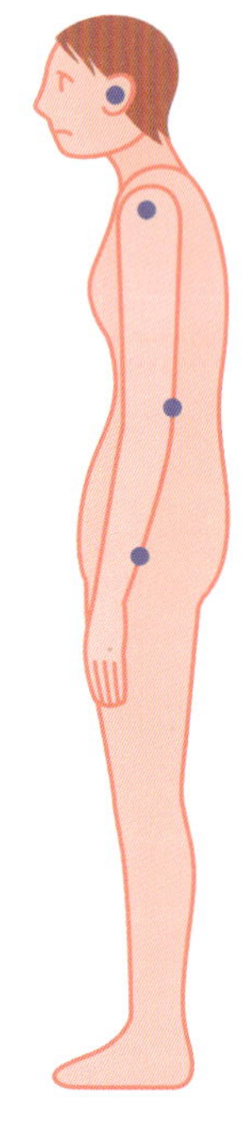
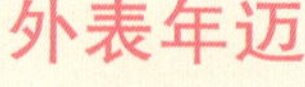
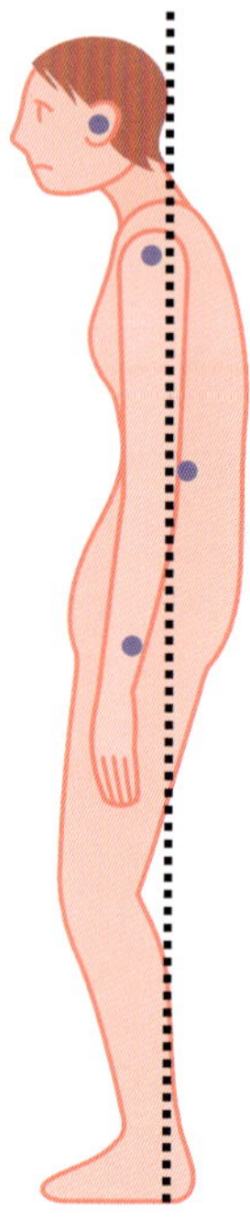

理想型

耳朵、肩膀、躯干中心、鼠蹊部成一直线的优美姿势。

臀突型

因为没有驼背，所以乍看之下感觉姿势良好，但由于腰部弯曲过大，容易引起腰痛。

驼背肩僵型

头部与肩膀往前倾的姿势。常因伏案工作时间过长而形成，并造成肩膀僵硬的慢性病症。

驼背垂臀型

肩膀往前倾，骨盆往后倾。双腿难以上举，容易摔倒。

节能老人型

维持姿势的肌肉使不上力，全身弯曲。容易发胖，稍微活动一下就感到疲劳。

锻炼“抗重力肌”，随时保持优美姿态

虽然想保持优美姿态，却无法持久……这正是抗重力肌退化的证据。

什么是抗重力肌呢？就是当我们站立起来、伸展手脚、维持姿势时，与重力对抗的那些肌肉群。三十岁以后，肌肉力量最容易减弱的就是这些肌肉群。帮助背部挺直的竖脊肌与腹肌、下拉肩胛骨的背阔肌、伸展大腿与膝盖的股四头肌、支撑骨盆的臀肌等，都属于抗重力肌。由于这些肌肉与骨骼紧紧连在一起，所以当肌肉退化时，骨骼也会随之退化，造成驼背，坐着时骨盆无法正常直立，进而，就会发生“肩胛骨前倾让肩膀更僵硬”，或者“大腿无法伸展让膝盖更痛”的现象。

不同年龄段的身体变化

随着年龄的增长，无论男女，肌肉的力量都会退化，姿势也会发生改变，进而疼痛部位也会增加。

如果想保持年轻健康的身体，就要对支撑良好姿势的抗重力肌加强锻炼，这非常重要。

年龄	女性	男性
40~49岁	支撑姿势的“抗重力肌”力量渐渐减弱。基础代谢降低，生活并没有发生改变，囤积于身体的脂肪却增加了。突然进行激烈运动时，最先引发的不是肌肉疼痛，而是关节疼痛。	肌肉开始减少。有很多人因为内脏脂肪增加，导致代谢症候群病情恶化，为了支撑突出的腹部而加重腰部负担，引起疼痛。腹部变大主要是因为内脏脂肪堆积的关系，腹部感觉鼓鼓胀胀的。
50~59岁	停经以后，女性荷尔蒙分泌量急剧下降，出现更年期的各种问题，骨质密度降低。很多人内脏脂肪开始增加，开始出现以前未曾有过的腰痛和膝盖痛。	男性荷尔蒙减少，导致肌肉减少的速度加快。除内脏脂肪外，皮下脂肪也开始增加。腹部和背部的泳圈形赘肉增加。许多人的身体轮廓变圆，并出现驼背。
60岁以后~	身体的线条已大致不明显。有些人下拉肩胛骨的力量减弱，背部弯曲，身高缩减。感觉髋关节与腰椎疼痛及发麻的人增多了。	软骨老化，腰部等部位出现慢性疼痛，与脊柱相关的病症增加，例如必须进行手术的脊柱管狭窄症等。臀部肌肉下坠，装在后口袋里的钱包好像随时要掉出来。

如果要中止这种“老化连锁效应”，就从改善姿势开始做起吧，这是最重要、最有效率的方式。如果长期保持不良姿势，而且每天只是做做 5 分钟的训练，那就很难拥有优美的体态。相反地，把“肩膀摆平”、“伸展背部肌肉”、“坐时骨盆要直立”等姿势要领牢记于心，形成习惯，三百六十五天反复地训练，那么体态一定会发生很大改变。

锻炼抗重力肌可以保持良好姿势，所以日常生活中使用的肌肉量会增加，代谢也会提高。消耗的热量增加后，自然就会养成“不易胖体质”。当累积在单一部位的力量消失了，僵硬和疼痛也会减轻，自然就会形成“不易疲劳体质”！从下一页开始，借助弹力球，让我们把形成不良姿势的坏习惯一一改掉吧！

用球就能改善姿势！ 轻松瘦身的伸展练习

只需坐靠的简单训练

使用电脑、吃饭，或是坐在椅子上时，都是改善姿势的好时机。沿着背部和腰部的曲线与弹力球相靠，就能轻松做到“伸展背部肌肉”。我们通过压球的触感就可感知姿势是否正确，非常方便。另外，弹力球本身的良好弹性也具有按摩效果。保证你用过一次就爱上它。

用背靠坐

可避免依靠椅背，头也不会往前倾，所以不会增加肩膀肌肉的负担，从而改善肩膀僵硬。

坐在椅子上，骨盆直立，伸展背部肌肉。把球放在背部感觉舒适的地方。

用腰靠坐

把球放在有助于形成腰部自然曲线的地方，腰部会变得很舒服！

这次把球放低一点，放到腰部的位置试试。骨盆自然会顺利地直立起来，容易养成良好的坐姿习惯。

用臀部压坐

在寻求平衡的过程中，可以让保持姿势的肌肉也集中受到刺激。

把球放在臀部下方，试着保持平衡感受一下。当我们把注意力放在身体的主轴线上，同时下腹部用力时，姿势就会坐正了。

舒缓骨盆&髋关节周围

坐在球上

把球放在坐骨下方，臀部前后滑动。僵硬的髋关节周围会因此变得柔软，活动也会变得顺畅。

当你坐在椅子上时，左右坐骨所承受的身体重量是否平均呢？是否喜欢弯腰，靠着椅背，使得骨盆也跟着后倾？如果有这些坏习惯，就会导致肌肉和关节僵硬，很难保持正确的姿势。把球放在臀部下方，前后慢慢滑动，这时骨盆与髋关节周围就会变得柔软，活动也就变得灵活了。

1 坐在球上

把球压坐在坐骨（位于骨盆底部，即坐下时与椅座接触的骨头）下方。

2 重心往前移动

臀部向前挪，重心往前移动，骨盆随之往前倾。这时要有头部向正上方牵拉的意识，调整好姿势。

2、3
步骤
重复 5 次

3 重心往后移动

这次把臀部向后挪，重心往后移动，骨盆随之往后倾。第 2 和第 3 个步骤交替重复做 5 次。

把球压坐在臀部下方，重心移动

可以有效伸展髋关节周围和大腿内侧。

1 两腿打开

2 骨盆直立

把球放在坐骨下方，在双腿可以伸直的范围之内，将腿打开。

背部肌肉伸直，骨盆直立。

柔软髋关节

随着年龄的增长，髋关节的柔软性很容易丧失。髋关节是身体最大的关节。髋关节的柔软性一旦丧失，走路就容易失去平衡和摔倒，也会造成腰部和颈部的额外负担。为了预防因老化而引起的这些问题，保持髋关节的柔软性是非常重要的。

3 重心往前移动

臀部向前，重心往前移动。骨盆自然会直立起来，这时球会弹向后方。

把球压坐在臀部下方，进行“前屈”的动作，这时髋关节与大腿内侧腿筋处于正确位置，能够很舒服地做出伸展，髋关节的柔软性会提高。要点是不可弯腰，把注意力放在大腿内侧的伸展上。

4 前屈

像这样，尽量向前屈。把注意力放在髋关节周围与大腿内侧的伸展。

可以的话，再向前弯一点！

坚持练习，髋关节与腿筋就会变柔软，渐渐地前屈动作就会越做越顺畅了。加油，坚持下去！

紧实腰部 配合呼吸伸展练习，

改善姿势呼吸伸展运动

胸部与髋关节周围容易因姿势不良而变得僵硬，这个伸展运动可提高柔软度。记得要注意呼吸的节奏。

1 把球放在腰线处 “向前看齐”

把球放在腰线处，往上仰，双脚自然打开。

1、2 步骤 重复 5 次

2 大力吸气 “万岁”姿势

鼻子大力吸气，双手上举，做出“万岁”的动作。慢慢拉开肋骨与骨盆的距离，确认腰部处于凹陷状态。吸完气之后，一边吐气，一边回到第 1 个步骤。第 1 和第 2 个步骤交替重复 5 次，腰部要呈凹陷状态。

如果一直保持不良姿势，最后“肋骨”与“髋关节”周围一定会变得僵硬。按照这两页的 4 个步骤进行“姿势伸展”，可以很快让这两个地方变得柔软。从“向前看齐”的姿势，换到“万岁”的姿势时，深呼吸会让胸廓膨胀，让人感觉神清气爽。摇一摇髋关节，将不再有髋关节不舒服的“迟钝感”。置于腰部下方的弹力球能帮助腰部形成正确的曲线。自己先试着做一次，站起来之后，一定会感觉背部变得挺直了。

3 抓住双肘，置于头部上方

腰部凹陷到极限并保持住状态，同时弯曲双肘，置于头部上方，双手互抓双肘。配合几次呼吸。

4 扭动髋关节，转动双腿

双手保持原样，髋关节放松，向左右摆动 4~5 次。摆动的时候，要体会上半身与下半身分离的感觉，这能够消除髋关节的阻塞感。全身舒展开后，就可以结束练习了。把球移开，膝盖弯起来，慢慢起身。

★注意
起身之前，一定要先把球移开。

Part 2

使用弹力球消除 身体的疼痛与僵硬

抗重力肌退化造成的姿势不良、身体失衡，是引发僵硬疼痛的主要原因。因此在这个部分，我们要来解决“三大疼痛”问题，包括肩膀僵硬、腰痛、膝盖痛。稍微感到疼痛时，只要借助弹力球的力量，就能刺激肌肉，达到舒缓放松的效果，进而改善血液循环，减轻疼痛。

肩膀僵硬

▶▶ 第 26 页 ~~~

原因

因肩膀前倾形成不良姿势，给肩膀周围的大肌肉群带来额外负担，导致血液循环不佳。

对策

肩僵的问题来之于肌肉，动一动这些肌肉所连接的“肩胛骨”，调整不良姿势。

腰痛

▶▶ 第 32 页 ~~~

原因

因不良姿势造成腰部的额外负担。

对策

平稳地动一动腰部，改善血液循环，锻炼抗重力肌。

膝盖痛

▶▶ 第 36 页 ~~~

原因

原本支撑膝关节的大腿股四头肌、内收肌退化、造成膝关节单一部位的负担，导致发炎。

对策

促进膝关节的血液循环，消除疼痛。针对支撑膝关节的肌肉，加强力量。

僵硬与疼痛的恶性循环

这是起因
身体不动
动作不正确
→ 血液循环不良
→ 压痛点（感到特别痛的地方）受到刺激
→ 脑部接收到疼痛信号，交感神经受到刺激
→ 血管收缩，血液循环恶化
→ 僵硬疼痛加重
→ 身体不动 动作不正确

僵硬疼痛的起因是“不动”

僵硬疼痛是因为身体动作不正确引起的。当我们过度使用身体某部位的肌肉时，没有被使用到的那些肌肉附近的血液循环就会变差，于是引起疼痛的物质便越积越多……形成恶性循环。

感觉到僵硬疼痛时，便是我们改正姿势与肌肉使用方式的时机。身体一旦感应到正确的动作，背部、腰部、脚就会随之变得紧实，身体的线条也会变得年轻有活力。

消除肩膀
僵硬

舒缓颈肩部周围硬邦邦的肌肉

用球做颈部伸展

把球放在头部正侧面与后方做伸展练习。沿着球的圆形曲线，可以轻轻松松地伸展。

放在颈部侧面做伸展

把球放在右肩颈部正侧面。右手放在头部左侧，轻轻扳头部去挤压球，同时默数 5 下。再换另一侧进行同样的动作。支撑头部的胸锁乳突肌将因此变得柔软有弹性。

放在颈部后方做伸展

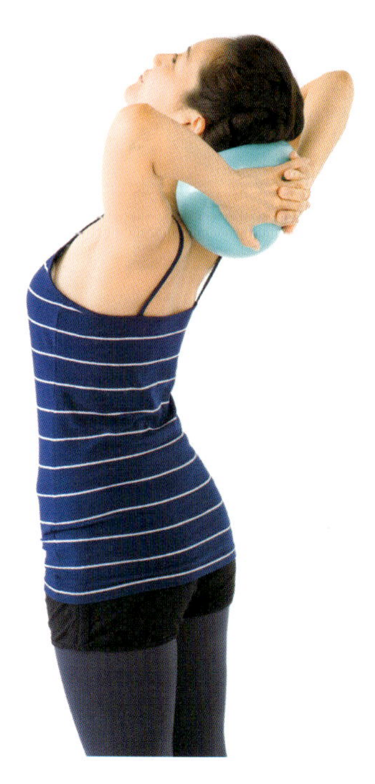

把球放在颈部后方。以双手交扣的方式抱住球，双肘轻松张开，头部往后伸展。一定不要勉强，轻轻伸展即可。此动作能让已经变直的颈部后方恢复曲线。

从侧面看是这样

调整姿势，胸部张开

请注意背部肌肉不要弯曲，腰部不要往后仰。

留意姿势是否正确、胸廓是否张开。

人类头部的重量差不多有西瓜那么重，对于用双脚走路的人类来说，自然会对颈部与肩膀造成负担。但是，当姿势不良时，僵硬就会进一步变得“硬邦邦”，因此更难恢复柔软。特别是驼背外加下巴前突的人，会呈现出颈椎曲线消失的“直颈”状态，如果突然转动颈部和肩膀，就容易受伤。请让颈部沿着球的曲线，前后左右做伸展练习。

检视

你能够用双手在背后传球吗？

两边做起来都很顺畅的话，就 OK。

双手反转到背后，用左手把球传到右手。接下来，右手换到上方，然后把球传到左手。如果两边做起来都很顺畅，就说明没问题。

两边都不能传递的人？

肩胛骨周围好像硬邦邦的。请从简单的伸展动作开始练习。

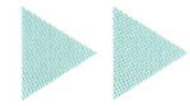

第 28&29 页 ~~~

其中有一边不能顺畅传递的人？

请针对有问题的那一边肩胛骨做重点练习，要常常检视来观察效果。

第 28 页 ~~~

消除**肩膀**僵硬

舒缓肩胛骨周围的肌肉

用球让**肩胛骨**上下移动

拿球的那只手上上下下来回摆动，注意要以肩胛骨来带动。肩胛骨的动作会因此而变顺畅。

5 次

一边触摸肩胛骨，一边拿球上下摆动

右手拿球，手臂伸直，左手按在右边肩胛骨下方。一边感觉肩胛骨的移动，一边手臂上下摆动。来回重复做 5 次。然后换手臂再进行一遍练习。

要专注于肩胛骨的移动！

当手臂伸直把球举高时，如果躯体也跟着一起往上移动的话，对肩胛骨周围的肌肉是没有助益的。要点是关注于身体的主轴，使用肩胛骨带动手臂上下摆动。

通过上下移动肩胛骨、开合肩胛骨等各个方向上的动作，能够使得肩胛骨周围的斜方肌、提肩胛肌、菱形肌等这些造成肩膀僵硬的肌肉得到舒缓。无论哪一个动作，主角都是肩胛骨。不要只局限于手部的动作，最重要的是让肩胛骨充分地运动。

呼吸配合全身的动作，这样肩胛骨会更容易移动，练习和放松的效果也好。

用球做开合**肩胛骨**的练习

1

吸气，
合上肩胛骨

双手把球拿在胸前。一边吸气，同时双肘互相靠近，一边感知左右肩胛骨是否贴近。背部和膝盖挺直，面向正前方。

2

一边吐气，
一边张开肩胛骨

一边吐气，一边背部慢慢弯曲，把球往前拿，肩胛骨张开到最大程度。视线朝下，膝盖弯曲。第1和第2个步骤重复5次。

肩胛骨相互靠近，直到背部起皱褶。此动作非常有助于调整容易前倾的肩膀位置。

用球帮助合上**肩胛骨**并举起来

1

双手在背后拿球

紧紧地合上肩胛骨，把球放在臀部后方。

2

把球举起来

把球往上举。保持手臂伸直的状态，举到你所能举的最高点，然后慢慢放下来。默数 1、2、3，以此节奏上举 5 次。

消除**肩膀**僵硬

动动肩胛骨，成为美背美人

将球在**背后**举起

这项体操对于因驼背造成的肩胛骨上提有很好的改善效果，要点是不能移动手肘的位置。

1 把球拿到颈部后方

2 把球举向正上方

双手把球拿到颈部后方，肘部在不勉强的情况下尽量抬高。

双手把球举向正上方，尽量不要改变手肘的位置。第 1 和第 2 个步骤交替重复做 5 次。

驼背的人，由于下拉肩胛骨的力量较弱，所以肩胛骨会上抬并变得僵硬，肩膀的血液循环也会变差。

“将球在背后举起”，通过用力下拉肩胛骨来移动手臂，可以促进血液循环。“轻轻开合肩胛骨”可提高连接脊柱与肩胛骨那块菱形肌肉的弹性。

这两个动作能有效解决肩膀僵硬的问题，还能紧实双臂与背部，所以想拥有美背线条的人，一定要坚持做下去！

使用弹力球，轻轻开合**肩胛骨**

锻炼连接背阔肌、脊柱与肩胛骨的菱形肌，有效消除背部与腰部的恼人脂肪，成为美背美人。

1 把球拿到身后

2 移动手肘，轻轻开合

把球拿着，双手手背紧贴腰部。

只移动手肘，让肩胛骨靠近。手不要放开，轻轻做开合的动作5次。坚持下去，背部的赘肉会一扫而光！

解除**腰痛**

锻炼抗重力肌，重现腰部曲线

踩住球，踮**脚尖**

在踩住球的不稳定状态之下，把脚尖踮起来，可以加强支撑躯干的抗重力肌！

1 脚跟踩住球

2 双手上举，摆姿势

确认脚跟要靠紧！

脚跟踩住球。两个脚跟靠紧，两脚尖张开约45度到60度。身体保持稳定，不要摇晃，然后弹5下。

深吸一口气，双手上举，指尖互相靠近，摆出芭蕾舞者的姿势，保持5秒。可以的话，再往上伸展，再保持5秒。

腰痛是由于姿势不良给腰部带来负担而产生的症状。因此，锻炼支撑身体主轴的抗重力肌非常重要。首先，请先“踮脚尖”，锻炼支撑腹部周围的腹横肌和背部的竖棘肌。双手上举，然后摆好姿势，这时胸部也会漂亮地朝上伸展。

在进行“侧腹伸展”时，从背部斜行到腹部的腹斜肌会得到充分的锻炼。腰部的沉重感会消失，可以轻松展现优美的姿态，重现腰部曲线。通过这些练习，能够很快让你看上去非常年轻。

伸展**侧腹**

将手放在侧腹部，这样容易将注意力集中在应该锻炼的肌肉上。往上伸展的那只手臂贴近耳朵，身体往侧面弯。

1 将球往正上方举，另一只手放在侧腹部。

2 上半身往侧面弯

双脚打开，与肩同宽。右手拿球，贴近耳朵侧面，往上伸展。左手放在右腹上。

左手压住侧腹部，上半身向左弯。拉动手臂，像在追球那样。右腹部要充分伸展，保持 5 秒。接着换另外一边再做一遍。左右各做 5 次。

解除**腰痛**

瘦小腹 & 舒缓腰部疼痛

拿球围成“五角形”

利用手臂与身体围成“五角形”，并左右旋转。腰椎周围肌肉会得到舒展，背部也会充分伸展。

1 把球拿在胸前

把两脚打开，与肩同宽，把球拿在胸部正前方。身体与双臂围成一个“五角形”。

2 向右旋转

保持五角形，一边吐气，一边向右旋转，返回时吸气。此动作重复3次。第3次把气吐尽，右腹用力。旋转身体时，注意手臂高度要保持不变。

3 回到中间

腰部与手臂回到中间位置。这时仍然要保持腹部的力量。

4 向左旋转

和2一样，这次身体向左旋转。重复3次，第3次把气吐尽，左腹用力。2、3、4、3是一回合，总共进行5回合。

POINT

保持手臂与身体所形成的“五角形”非常重要。

臀部压球，**腿**往上抬

身体躺下呈仰卧姿势，腿上下摆动。灵活的髋关节动作有助于减轻腰部负担。

1 臀部压球，右膝立起来

臀部压住球，身体往上仰，右膝立起来。左腿伸直，双手紧贴地板。

2 腿往上伸直，保持 5 秒

右脚与双手撑住身体，左腿往上伸直，保持 5 秒。这个动作重复做 5 次。换对侧腿重复上述动作。

“拿球围成五角形做旋转”，此动作的要点在于，旋转时要注意保持球与肚脐的距离，避免手臂与身体所围成的五角形变形。它可以刺激腹斜肌，雕塑紧实腰线。此外还能锻炼腹横肌与竖脊肌，它们是支撑腰部的抗重力肌。因此做过一遍之后，就能惊喜地感觉到腰部原来不舒服的地方好转了。

“臀部压球，腿往上抬”，此动作的特点，是通过仰卧来阻断髋关节与躯干的连结作用。髋关节一旦硬化，就会造成腰椎的负担，导致腰痛问题恶化。所以练习这个动作，可以提高髋关节的柔软性，防止腰部承受额外的负担。当然，它也能锻炼到腹横肌，让小腹变得平坦。

解除**膝盖**痛

膝盖伸展练习

球放在**膝盖后方，脚尖**上下摆动

膝盖后方压住球，脚踝伸直，这样能促进膝盖周围肌肉群的血液循环，可以减轻疼痛，加强肌肉力量。

1 把球放在膝盖后方

坐在地板上，右膝立起来，左脚伸直，膝盖后方压住球。这时骨盆保持直立状态。

2 膝盖后方压住球，脚跟往前推

用膝盖后方把球紧压在地板上，保持力道，然后脚跟往前推，保持5秒。脚尖保持向上的状态。

3 脚尖往前伸

膝盖后方仍然压住球，这次脚尖往前伸直，保持5秒。第2和第3个步骤交替重复做5次。右脚也如此练习。

2、3步骤重复5次

POINT

记得要用膝盖后方把球压在地板上！

双腿夹紧球站立

左右臀部、大腿、小腿、脚跟一并收紧。这个动作能使伸展膝盖的肌肉群全部得到锻炼

保持 5 秒
×
5 次

双腿夹住球，
臀部收紧

两脚尖打开，脚跟靠拢。把球夹在膝盖稍微往上面一点的地方。双腿用力夹紧，注意左臀与右臀、左膝与右膝、左小腿与右小腿要靠紧，保持 5 秒，总共进行 5 次练习。

臀部两侧用力夹紧。这个动作能使大腿内侧的内收肌与臀部的外旋肌得到锻炼，也有很好的提臀效果。

有人以为“膝盖一定是要弯曲的”，其实这是错误的认识，让膝盖“伸直”是很重要的。

上拉膝盖的股四头肌、大腿内侧的内收肌、大腿后侧的腘绳肌，这些肌肉都在支撑着伸直的膝盖。步入中老年后，这些肌肉的力量开始减弱，腿就很难往前伸直了。弯曲的膝盖对膝盖关节单一部位会带来多余的负担，这是造成膝盖痛的原因。

进行“脚尖上下摆动”的动作时，用膝盖后方把球压在地板上，那些伸展膝盖的肌肉群得到锻炼。进行“双腿夹紧球站立”时，可以提高肌肉的力量，包括位于臀部负责协助髋关节灵活运动的臀大肌，以及大腿内侧的内收肌。当支撑膝盖关节的肌肉群得到锻炼后，走路的步伐就会随之改变。目前没有膝盖痛问题的人，也可以做做看，起到预防作用。

解除
膝盖痛

打造健步如飞的双腿

夹住球，**腿**上下移动

增强上拉腿部的髂腰肌力量，让你健步如飞。

1 膝盖后方夹住球

坐在椅子上，左膝后方夹住球。双手轻贴椅座。骨盆保持直立状态。

“髂腰肌”是弯曲髋关节的肌肉，上连脊椎、骨盆，下接股骨小转子。它一旦退化，会造成“腿抬不起来”、“走路踉踉跄跄”、“容易跌倒”的问题。坚持练习，让双腿更灵活矫健！

2 膝盖往上抬

3 膝盖放下来

保持把球夹住的状态，膝盖慢慢往上抬。抬起来后，保持 5 秒。

膝盖慢慢放下来。第 2 和第 3 个步骤交替重复做 5 次，换右腿重复上述动作。

Part 3

使用弹力球解决 四十肩 & 泌尿问题

让人肩膀剧烈疼痛，手臂举不起来的“四十肩”、一打喷嚏或跳动就尿失禁的“泌尿问题”……当实际遇上这些身体状况时，有些人可能会急得想哭：“怎么会这样？”没关系，这些问题可以通过练习来预防和改善。

四十肩

第 42 页 ~~~

原因

活动手臂时，肩膀突然产生剧烈疼痛，手臂上举和向后转等动作都变得很困难。这是包覆肩关节的肌肉、韧带、软骨等组织发炎所造成的。

主要发病人群是四十岁以后的男女性，尤其肩膀往前倾的人特别容易发病。

对策

做一些有助于矫正肩膀位置和改善肩膀动作的练习，锻炼肩关节的深层肌肉，慢慢扩大肩膀活动范围。

泌尿问题

第 48 页 ~~~

原因

骨盆底肌是横跨膀胱、阴道、肛门的肌肉群。它会因为年龄的增长、生育、女性荷尔蒙的变化而退化。当骨盆底肌失去收缩力与柔软度时，就会出现尿失禁、尿频、屁憋不住等症状。严重时还会发生阴道、直肠掉出体外的“骨盆器官脱垂”问题。症状轻微的话，可以通过骨盆底肌训练得到改善。

对策

反复做“夹球动作”，刺激与骨盆底肌相互作用的腹部周围深层肌肉，使得骨盆底肌得到锻炼。

四十肩是这样一种疾病

四十肩的学名是“肩周炎”。在中高年龄段约有 20% 的人患有这种疾病。一般经过半年，最多两年左右能痊愈。有时手臂一转动或上下一动，就剧烈疼痛，甚至痛得晚上睡不着。穿衬衫或整理头发的动作也受限。虽然通常会自愈，但因为疼痛会影响到很多动作，所以通过适当运动尽早康复非常重要。

用球改善
四十肩

舒缓无法上举的肩膀

钟摆式伸展

采取前弯姿势，像钟摆那样前后摆动手臂。即使肩膀疼痛，也要在能够忍受的范围内做伸展练习。

1 预备姿势

先用不能上举的那只手拿球。接着双脚打开，与肩同宽，然后向前弯腰。拿球的那只手往下放。

“钟摆式伸展”可以锻炼那些负责控制肩关节位置的深层肌肉。首先，采取前弯姿势，像投保龄球那样摆动手臂，这时肩膀就能活动了，也不会对肩膀造成负担。采取直立姿势的时候肩膀举不起来，但换成前弯姿势的话，就可以把手臂举得比肩膀还高。坚持反复练习，慢慢舒缓肩关节的深层肌肉。

2 利用离心力，前后摆动手臂

利用手臂的重量，前后摆动手臂。想象自己在投保龄球，感受一下离心力。

用球改善
四十肩

调整肩膀位置

接传球伸展练习

手肘贴在侧腹部，前臂重复做开合动作。这个动作，能刺激被称为棘下肌的深层肌肉，调整肩膀位置。

1 双手拿球

2 手肘贴紧，右手向外打开

双肘紧贴侧腹部，双手拿球。

手肘贴紧，右手向外打开，要注意球的高度保持不变。打开后，保持 5 秒。

3 回到原来的姿势

打开的右手回到原来的位置。注意球的高度保持不变。

4 换另一只手重复上述动作

左右交替
重复
做 5 次

这次换左手，重复上述动作。1 到 4 是一组动作，共重复做 5 次。

Check

注意肩膀不要用力和上举！

用球改善
四十肩

让身体记住正确的肩膀位置

平常肩膀习惯往前倾的人，会比别人容易罹患四十肩。

这项训练的重点在于让手臂呈现“零位”（Zero Position）状态，也就是要把肩胛骨和上臂这一段调整成漂亮的直线状态。采取这个姿势，然后向内、向外转动手臂，肩关节就会很容易被调整到最佳位置，可以促进整个肩膀的血液循环。

仰卧用球“宣誓”

1 胸大肌伸展

躺下来，把球压在左右肩胛骨的中下方，胸廓用力伸展，双手放在头部后方，做 10 秒伸展，同时深呼吸。原本僵硬的胸大肌会得到很好的伸展。

2 肩膀贴住地板

把球移开，两边肩膀贴住地板。

Check

有没有哪一侧的肩膀悬浮在半空中？

悬浮在半空中的那个肩膀，说明肩关节周围已经变得僵硬并往前倾。即使目前还没有出现四十肩的症状，也有可能会在不久之后感到疼痛。所以一定要好好做这个运动！

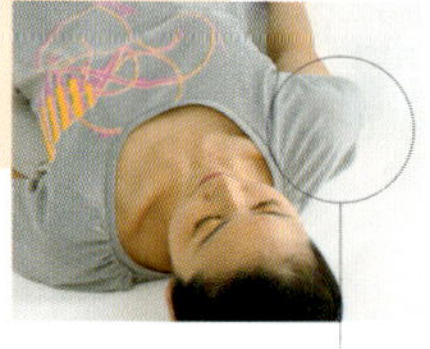

悬浮

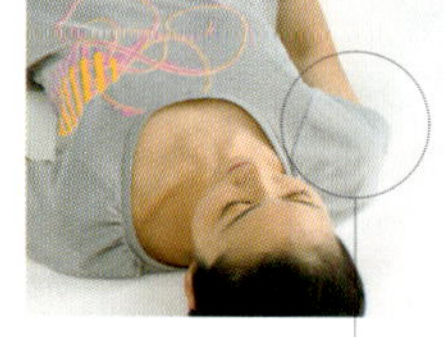

未悬浮

3 拿球“宣誓”

右手拿球，做出“宣誓”动作。保持目前的肩膀位置，然后进行下一个步骤。

拿着球，手臂往前斜举 45 度 ~60 度。做这个动作的时候，肩膀会跑到一个叫作“零位”的位置，这个位置对于肩膀深层肌肉来说是最没有负担的。

4 肩膀内外转动

肩膀位置固定不动，向内、向外转动肩膀和手臂。慢慢来，交替重复做 5 次。再换另外一只手臂重复上述动作。

改善**泌尿**问题

不自控排气 & 解决尿失禁

用膝盖夹紧！收缩**骨盆底肌**

夹紧，保持 5 秒，预防尿失禁

坐在椅子上，双脚打开，距离比肩膀稍宽一些。用双膝夹住球，紧压 5 秒，重复做 5 次。

膝盖用力夹紧球，通过这个动作，可以同时收缩骨盆底肌与腹肌。

左右脚跟并拢再做夹压动作，可以有效预防不自控排气！

骨盆底肌横跨“三穴”，包括尿道、阴道、肛门。当收缩尿道的力量减弱时，就会发生尿失禁的情况。当收缩阴道的力量减弱时，则会导致器官脱垂，进一步造成收缩肛门的力量减弱，这时就会发生不自控排气的情况。

骨盆底肌也是女性非常重要的深层肌肉。在它还没退化之前，好好锻炼是非常重要的。

在仰卧不受重力影响的情况下夹压球。对内脏下垂的人也有效。

仰卧用膝盖夹紧!

仰卧，用膝盖夹住球

仰卧，双膝立起，将球夹在双膝间，紧压 5 秒。重复做 5 次。

重复
5 次

进行“收缩骨盆底肌”的练习时，要用大腿内侧夹压球。如果在左右脚跟分开的状态下进行练习，可以锻炼尿道至阴道周围的骨盆底肌；如果在左右脚跟并拢的状态下进行练习，可以锻炼肛门周围的骨盆底肌。

如果是在仰卧的状态下进行练习，因为不需要承受内脏下垂的重力，所以会收到更好的效果。一边吐气，一边做夹紧动作，总共做 5 次。每天做 1 到 2 回的话，大约经过 3 个月的时间，骨盆底肌的力量就会得到增强。对于男性来说，这些运动一样能改善泌尿问题。

改善**泌尿**问题

训练肌肉，保持骨盆稳定

夹球侧倒

结合夹球动作与骨盆侧倒动作，腹肌与骨盆底肌会活动起来，得到锻炼。

1

夹球

平躺下，双膝夹球，弯曲成 90 度。双手贴住地板。

2

往左倒

双膝往左侧倒，只要保持住平衡就没问题。

3

回中间

双手支撑身体，双膝同时回到中间位置。

4

往右倾倒

双膝往右侧倒，然后回到中间位置。2、3、4 是一组动作，一组动作共做 5 次。

双脚夹住球，往上抬。除了能够锻炼骨盆底肌和深层肌肉之外，负责雕塑腰线的腹斜肌也能得到锻炼。

夹球上抬

1

夹球

侧躺，左手撑住头，右手放在上半身前面的地板上。用脚踝夹球。

2

上抬

右腰用力，双脚离开地板，悬在半空中，保持 5 秒，然后放下来。重复做 5 次。再换另一侧做同样练习。

美人鱼姿势

身体歪斜会导致骨盆底肌退化。伸展髋关节可以矫正歪斜的身体。这是保持身体年轻不可或缺的动作练习！

髋关节前后伸展

把球放在坐骨下方。重心往前倾，右腿向后伸展，保持 5 秒。然后换左腿做同样的伸展练习，保持 5 秒。

弹力球使用心得大放送！

“双下巴曾让我很困扰，但现在仅仅是用嘴巴含吸管吹球，就能锻炼到脸部。感觉有瘦脸的效果！”（32岁·公司职员）

“球大小刚刚好，GOOD！伸展练习的动作很简单，做起来也很轻松，身体的各个部位都得到了舒缓。”（47岁·家庭主妇）

“市面上销售的弹力球太大了，放在房间有点占地方。而这个球，我随时都能拿出来练一练。看电视的时候做一做也非常方便。”（28岁·公司职员）

弹力球7天使用分享

报告

使用弹力球体验“骨盆伸展”！

身体不再紧绷绷，好舒服！

我们找来 5 位有腰痛和膝盖痛困扰的四十多岁至六十多岁女性，实际做了一星期的“改善姿势训练”（16~23 页）、“解除腰痛训练”（32~35 页）、“解除膝盖痛训练”（36~39 页）。有泌尿问题的人也尝试进行了“骨盆底肌训练”（48~51 页）。大家反映说“平常就可以做”、“背部和腰部伸展开了，感觉很舒服”。

report 1

腰变得紧实了，很开心！

广子小姐
50 岁

我一般在洗澡前做练习。做“改善姿势训练”的时候，就是躺下来伸展身体，感觉非常舒服。进行膝盖夹球的“保持夹立”练习时，双脚可以顺利并拢，从腹部到整个下肢有一下子全都收缩起来的感觉。虽然右膝的疼痛感没明显变化，但是腰围减了两厘米，很开心！

结果

- 腰围………………… -2cm
- 下腹部……………… -2cm
- 体脂肪率…………… 无变化
- 体重…………………-0.5kg

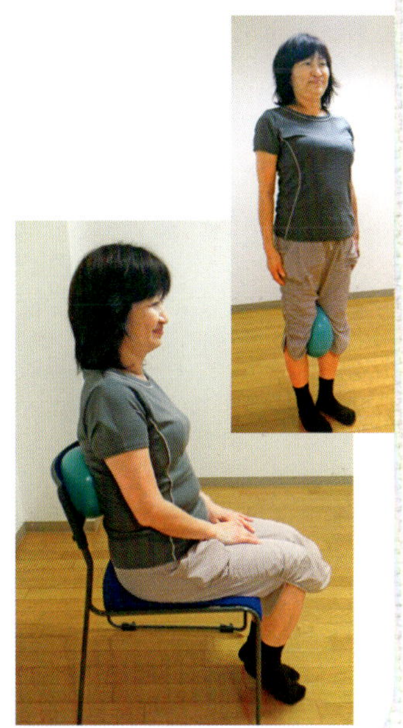

“把球夹压在椅背上非常舒服。因为我白天在办公桌前工作的时间比较长，所以很喜欢用。腰部和背部都可以得到有效的放松。”

report 2

腰痛次数减少了，感觉舒服。

Y·K小姐
55岁

我一般是利用晚上洗完澡睡觉前的这段时间练习。用膝盖夹球做“保持夹立”练习时，身体充分伸展，感觉姿势变得好了。虽然我并不总是被腰痛的问题所困扰，但一天当中感觉痛的次数确实在减少。体重计显示的肌肉量已经从“少量以上”变成“标准以下”。做“改善姿势”的伸展练习的时候感觉也很舒服。我会坚持做下去的。

结果

- 腰围…………………… -0.5cm
- 下腹…………………… 无变化
- 体脂肪率……………… -0.3%
- 体重…………………… 无变化

“那个用膝盖夹球上下移动的动作，乍一看好像没什么，但实际做的时候，才发觉连小腹也会受到刺激！”

report 3

肩膀伸展开来很舒服。

M·H小姐
50岁

我终于下定决心每天洗完澡后做运动，而且做到了。做“改善姿势”的伸展练习的时候，感觉全身都舒展开来，非常舒服，肩膀僵硬的问题也得到改善！在做“夹住球，腿上下移动”的练习时，总感觉球好像会从膝盖中间掉出来，所以不太好做，但是努力夹住球不让它掉出来，这就是加强肌肉力量的秘诀。

结果

- 腰围…………………… 无变化
- 下腹部………………… 无变化
- 体脂肪率……………… 无变化
- 体重…………………… 无变化

“用手和胸部围成‘五角形’，同时转动腰部的那个动作，一开始做起来有些困难。当我采用正确的动作进行练习后，感觉侧腹部有了效果。”

每月生理期的腰痛不见了。

report 4

I・S小姐
47岁

坐着的时候，我会把球放在背部或腰部。做伸展姿势的练习很舒服，我老公也喜欢做。坐在椅子上时，我不是单纯地坐着而已，我还会做“球放在膝盖后方，脚尖上下摆动”的练习。每个动作练习都是平常可以轻易做到的。本来一到生理期，腰就痛得厉害，现在不痛了，可能是做这些运动的缘故吧。

“把球踩住，脚尖踮起时，在保持平衡的过程中可以感到身体主轴固定住了。好像姿势也变好了！”

结果

- 腰围…………………… 无变化
- 下腹部……………… 无变化
- 体脂肪率……………… −2%
- 体重…………………… 无变化

腰痛问题得到改善，睡觉可以翻身了。

report 5

T・U小姐
63岁

做转腰的动作或侧面伸展的动作时，的确能感觉到身体舒展开来，也深感运动不足。原本睡觉时出现的腰痛问题已得到改善，睡觉可以翻身了。感觉松垮垮的肉变得紧实。

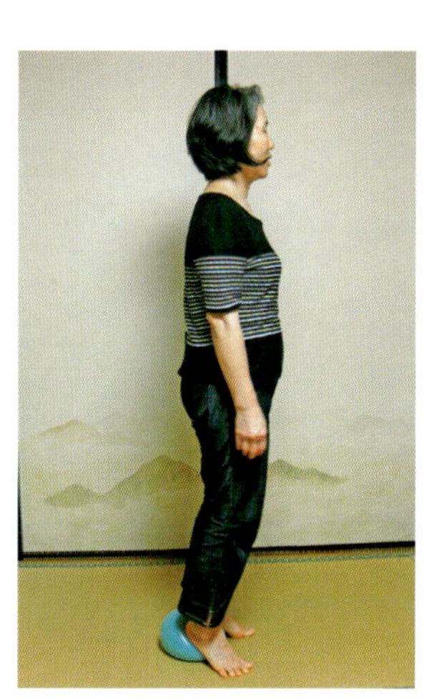

“踩住球做反弹动作的时候，感觉腰部很舒服。”

结果

- 腰围…………………… 无变化
- 下腹部……………… 无变化
- 体脂肪率…………… 无变化
- 体重…………………… 无变化

使用前请务必阅读

套组内容

弹力球 ×1/ 吸管 ×1/ 空气塞 ×1

吹球的方法

1 将吸管插入球体的空气注入孔内，然后吹气。

2 球吹鼓起来后，将吸管拔出，用手指堵住空气注入孔。接着，把手指拿开，迅速将空气塞较细的那一端插进去，堵住空气注入孔。

● 使用弹力球时的注意事项

○本产品耐重量约为 80 公斤。○本产品是以健康人士为对象的训练器材。请根据自身体状况选择使用，不可勉强。如果长时间使用，可能会伤及关节或肌肉。○本产品属于个人化的训练器材。除了原本的用途之外，请勿作为他用。○本产品非儿童玩具。请勿让儿童使用，以免受伤。另外，由于吸管与空气塞体积非常小，请注意勿让儿童误食。○孕期女性以及产后体力不佳者请勿使用。○本产品采取密封方式，由于材质的特性，开封时可能会有较强烈的气味散发出来，请于通风良好的地方开封。如果还有气味残留，请先暂时把它放置在通风良好的地方，稍后再使用。○为安全起见，产品如有破损或变形的情况，请立即停止使用。○请在宽敞安全的地方进行运动，周围不能有危险物品或障碍物。○请勿在门口、楼梯附近或桌子等高处使用。○请在没有突起物的平坦地板、椅子等处做运动。○请勿在靠近火源的地方或户外使用，以防球破损、变形。○请务必将有可能会损坏到球体的衣服配件、饰品、手表等物品取下后再使用。○请勿拿坚硬物（刀子、石头、钉子、铅笔等）敲击或刺戳球体，以免破损。○请勿把球放在火炉等高温设备的附近，或让球接触到这些设备。○吹球的时候，如果患有高血压等循环系统疾病，或感到身体不适时，绝对不可勉强，应请健康的人士替您完成。○空气塞请确实塞到底，如果塞得太浅，在运动的过程中可能会脱落。○请勿做出跳到球上或在球上跳跃等危险动作。○除了本书介绍的方法之外，请勿拿椅子做训练。○如果出现头痛、头晕、重心不稳、冒冷汗、脸色苍白、恶心想吐、脉搏紊乱、心悸、痉挛或其他异常发生时，请停止运动，并接受医师诊断。○球使用完毕，请把空气放掉，妥善保管。请勿将球放在高温或有强烈阳光照射的地方，以免变形、变质，或引发火灾。○对于球的保养，请用柔软湿布擦拭。请勿使用稀释剂、挥发油等挥发性溶剂，以免造成变色或材质劣化。○请勿让球紧靠有颜色的织物或印刷面，以免变形、变质、印色、黏住等。○如果因为违反注意事项而发生意外或破损，恕不承担一切责任，所以请同意后再使用。○如果是使用非本书所介绍的方法，或系其他产品的原因而发生问题等，恕不提供换货服务或进行赔偿事宜。○外包装是为了在运输过程中保护产品而设计的，恕不因外包装破损而接受换货。○要丢弃时，请遵守各国家和地区相关丢弃规定。○本书中文简体版附赠之弹力球由青岛出版社在中国自行安排制造，若有任何责任归属，与日经 Health 无关。

图书在版编目（CIP）数据

坐着就能瘦？：一球搞定！ / (日) 中村格子主审；王锡兰译.
-- 青岛：青岛出版社, 2016.12
ISBN 978-7-5552-5012-8

Ⅰ. ①坐… Ⅱ. ①中… ②王… Ⅲ. ①瘦身—健美操 Ⅳ. ①G831.3

中国版本图书馆CIP数据核字(2016)第325987号

书　　名　**坐着就能瘦？一球搞定！**
（附赠限定版弹力球）
主　　审　（日）中村格子
译　　审　王锡兰
译　　者　李　军　李梦晓　胡建林　高立平　赵冬花　刘　晋
出版发行　青岛出版社
社　　址　青岛市海尔路182号（266061）
本社网址　www.qdpub.com
邮购电话　13335059110　0532-68068026（兼传真）0532-85814750（兼传真）
责任编辑　傅　刚　E-mail:qdpubjk@163.com
责任装帧　润麟设计
内文排版　刘　欣　祝玉华　时　潇　林文静
选题优化　凤凰传书（fhcs629@163.com）
印　　刷　青岛新华印刷有限公司
出版日期　2017年1月第1版　2017年5月第2次印刷
开　　本　16开（889mm × 1194mm）
印　　张　3.5
印　　数　6001~11000
书　　号　ISBN 978 7 5552-5012-8
定　　价　56.00 元

编校印装质量、盗版监督服务电话　4006532017　0532-68068638
建议陈列类别：瘦身·美体